(p. 424-446

LETRE
ÉCRITE
A M. LE COMTE***.

AU SUJET DE LA TRAGEDIE

DE MAHOMET,

DE M. DE VOLTAIRE.

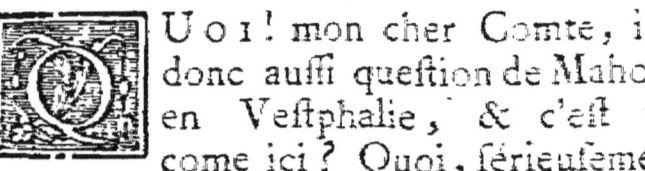

Quoi! mon cher Comte, il est donc aussi question de Mahomet en Vestphalie, & c'est tout come ici? Quoi, sérieusement, sur de simples oüi-dire, sur des relations ou exactes, ou peu fidéles (car je ne les conais pas) cete Tragédie a trouvé le secret de metre de la division dans votre Armée, & c'est à moi que vous demandez conseil, pour prendre parti entre ses zélés partisans, ou parmi ses ènemis déclarés?

Vous m'embarasseriez étrangement, si les avis que vous me demandez, devoient être confiés à tout autre qu'à vous; ils me feroient, à coup sûr, une afaire, ou avec les gens de goût qui ont pensé sur cete Piéce come un grand Ministre en avoit pensé lui-mème, ou avec les clabaudeurs dont la basse, mais artificieuse, jalousie est venue à bout de surprendre & d'intéresser la religion d'un des plus équitables & des plus sages Magistrats du Royaume.

Vous le savez, mon cher Comte, dans ce Pays-ci surtout, pour la plus grande partie des gens qui sont à portée, ou qui se croyent en droit de juger ces sortes d'ouvrages, il n'y a point de milieu; tout est admirable, ou tout est détestable: il est bien peu de ces gens sensés qui, avant de porter leur jugement sur ces productions de l'esprit humain, pesent, sans autre intérèt que celui de la justice & de la vérité, les beautés & les défauts qui s'y rencontrent, qui en examinent scrupuleusement l'utilité ou les inconvéniens, & qui se servent enfin, dans leurs décisions, de la balance d'une juste critique.

Voilà avec qui vous auriez pensé, si, come nous, vous aviez été à portée de voir les répréſentations de cete fameuſe Tragédie. Mais ce jugement équitable, je ne ſuis pas aſſez vain pour me flater de l'avoir porté moi-même; ainſi je ne vous parlerai de Mahomet qu'hiſtoriquement; &, s'il m'échape quelque réfléxion, ou quelque aveu de mon ſentiment particulier, ſoyez bien averti que je n'ai pas la moindre prétention ſur la liberté de vos penſées.

Mahomet a donc été joüé, & généralement aplaudi par ſentiment, condâné par ignorance, & décrié par jalouſie.

Le croiriez-vous ? j'ai vû de ces peſtes de la ſocieté, malheureuſement pour eux, trop conus pour faire gloire de leur incrédulité, crier à l'impiété & ſe ſcandaliſer que Mahomet ne prèchât pas les maximes de l'Evangile. J'ai vû de petits Auteurs, auſſi mépriſés que leurs ouvrages, condâner au feu, de leur autorité, l'Auteur, la Piéce, les Comédiens, le Partére & les Loges; celui-ci, pour avoir fait, ceux-là, pour avoir joüé, & les autres enfin, pour avoir vû & aplaudi Mahomet. J'ai vû la foule, des ſots s'entend, car c'eſt toûjours le plus grand nombre, adopter & répéter au hazar des ſentences ſi reſpectables. Dèslà, mon cher Comte, vous croyez Mahomet tombé à la premiere Repréſentation; point du tout, ces clabaudeurs y revenoient en foule, ils y étoient pénétrés; ils y frémiſſoient; &, pour metre le comble au contraſte de leurs déclamations & de leur conduite, ils n'ont ceſſé de redemander, à grans cris, cete Tragédie, depuis qu'on a jugé à propos de la retirer du Théâtre.

Voici quelque choſe d'aſſez plaiſant; On dona Polieucte à la place de Mahomet; un home d'eſprit de nos amis dit que c'étoit une eſpèce d'amande honorable que le Théâtre feſoit au Public : mais vous alez ètre bien édifié. Ces zélés qui avoient tant fait de bruit ſur l'impiété de Mahomet, n'aplaudirent de toute la Tragédie de Polieucte, que cete afreuſe imprécation contre les Chrétiens que Corneille a miſe dans la bouche de Stratonice au troiſiéme Acte de ſa Tragédie.

Ce n'eſt plus cét époux ſi charmant à vos yeux,
C'eſt l'ènemi comun des homes & des Dieux ;
Un méchant, un infâme, un rébelle, un perfide,
Uu traître, un ſcélérat, un lâche, un parricide,
Une peſte exécrable à tous les gens de bien,
Un ſacrilége impie, en un mot un Chrétien.

Et cét autre endroit du Rôle de Sévère, où il dit :

J'aprouve cependant que chacun ait ſes Dieux,

Qu'il les serve à sa mode......

Si l'on eut joüé Athalie, ils auroient sans doute aplaudi l'apostasie de Mathan & la confession de son confident lorsqu'il parle ainsi :

Pour moi, vous le savez, descendu d'Ismaël,
Je ne sers ni Baal, ni le Dieu d'Israël.

A-t'on jamais manqué d'aplaudir à ces Vers de la Tragédie d'Electre qui sont dans la bouche de Palaméde, & cét aplaudissement est-il jamais parti que d'une comparaison odieuse & qui devroit, ce me semble, choquer la délicatesse des austères critiques de Mahomet ? jugez-en, mon cher Comte.

Vous savez, sur les fils, si l'on poursuit les peres ;
Songez, si le suplice en doit être odieux ,
Que c'est du moins punir à l'éxemple des Dieux.

Voilà le Public ; mais il faut tâcher de vous metre en état de juger s'il a eu raison dans les différens jugemens qu'il a portés pour & contre Mahomet.

Je ne vous parlerai, ni de la conduite de cete Tragédie ni de l'intérêt qu'elle a dû faire naître: vous avez vû, me dites-vous, la *Letre* du *Comédien de Lille*; dès-lors vous êtes inftruit de la marche de cete Piéce, & mème des différentes fituations qu'elle préfente aux fpectateurs: il ne vous manque que d'avoir pû juger par vous-mème de l'éfet qu'elles devoient faire.

Pour la Poëtique, il me femble qu'on eft affez généralement d'acor que M. de Voltaire n'a guére écrit de Tragédie mieux que celle-ci, ni avec plus de force & d'imagination. La Poëfie en eft éxacte & nerveufe, les images nobles & toûjours tirées de fon fujet: ainfi il y a aparence qu'on n'a prétendu ataquer fon Mahomet que par le fonds.

Quel eft donc le plan de M. de Voltaire dans cete Tragédie? c'eft, fi je ne me trompe, de faire voir que l'ambition défordonée, & que le fanatifme, ou le faux zèle, font capables de porter les homes à tout ce qu'on peut imaginer de plus atroce.

Dans le Perfonage de Mahomet, on vous préfente un fcélérat du premier ordre, qui, fous le prétexte fpécieux d'abolir l'idolâtrie & de faire reconaître le vrai Dieu, cherche, en quelque façon, à fe divinifer foi-mème, qui ne craint point d'employer l'artifice, l'illusion, le meurtre, les empoisonemens, l'inceste & le parricide, pour faire réussir ses ambitieux projets. M. de Voltaire ne se contente pas de peindre Mahomet avec de si odieuses couleurs, pour que persone ne puisse y être trompé ; il fait quelque chose de plus encore : par un de ces coups de maître qui n'apartienent qu'aux grans génies, il le place dans une situation critique en présence du plus grand de ses ènemis, & c'est-là qu'il lui fait aracher par sa politique même, l'aveu d'un caractère dont tous les traits ne sont gravés avec tant de force dans tout le cours de cét ouvrage, que pour nous en doner plus d'horreur.

Omar, le confident & le complice de Mahomet, n'est pas mieux traité par l'Auteur, & ne se ménage pas mieux lui-même. Aussi ambitieux que son Maître, si il se contente du second dégré d'autorité, il paraît, par la noirceur de ses conseils, qu'il ne rougit point d'affecter la primatie des forfaits.

Voilà dans quels homes M. de Voltaire a mis cete ambition démésurée, capable des plus grans crimes : voici de quelle façon il s'y prend pour les faire exécuter par le fanatisme.

Seïde & Palmire, tous deux nés de Zopyre le plus cruel ènemi de Mahomet, enfans de tribut, livrés dès leur plus tendre jeuneſſe à cét ambitieux Légiſlateur, élevés dans ſon camp & dans ſes principes, pleins d'un zèle auſſi ardent, qu'il eſt aveugle, pour la ſecte de leur Maître, pénétrés de reſpect & mème d'une profonde vénération pour ſa perſone, ſaiſis d'un religieux étonement pour ſes prétendus miracles, Seïde & Palmyre regardent Mahomet come le Prophéte, come l'Envoyé de Dieu, & ſes ordres come les oracles du Ciel; victimes inocentes de leurs cruels préjugés & d'une paſſion inceſtueuſe que l'erreur ſur leur naiſſance, que Mahomet lui-mème a laiſſé naître dans leurs cœurs, ils ſont ſéduits au point qu'ils n'écoutent qu'en frémiſſant, & ſe reprochent mème les ſentimens de vertu, de pitié, de reconaiſſance qui s'élevent au fond de leurs ames.

Tels ſont les Miniſtres que Mahomet choiſit pour achever l'ouvrage de ſa grandeur, par un crime dont il doit tirer tout le fruit, ſans en paraître coupable. Omar, par ſon ordre, exige, de Seïde, un ferment terrible & ſolemnel d'obéïr à la voix du Ciel qui doit lui ètre manifeſtée par celle de Mahomet; Seïde aprend de la bouche de ce Maître cruel, mais respecté, que c'est au meurtre de Zopyre qu'il s'est engagé par un serment qui révolte en lui les sentimens de la nature & de l'humanité, mais qui ne lui paraît pas moins saint & moins inviolable ; le meurtre de Zopyre est un parricide pour le malheureux fanatique qui se dispose à le cometre : mais il l'ignore, & c'est une circonstance aggravante de son crime qui le rend plus digne de la méchanceté de Mahomet. Seïde est prêt à consomer cét afreux sacrifice, un mouvement de compassion suspend son obéïssance : ce mouvement alarme sa religion, son zèle aveugle reprend toute sa force. La générosité de Zopyre l'arête ; un vif sentiment, inspiré par la nature, lui fait détester ses cruels engagemens : mais, bien-tôt araché par Omar à cete sainte impression, & conduit en présence de Mahomet, celui-ci fait ralumer dans le cœur de son prosélite tremblant, cete férocité qu'on avoit gravée dans son ame sous le nom respectable d'un zèle saint & religieux ; & non content d'employer, pour l'affermir dans sa résolution, la menace des plus terribles malédictions, Mahomet acheve de le vaincre par l'intérèt d'une passion dont il sait que bien-tôt il ne craindra plus les éfets.

Avant

Avant de rien conclure de tout ceci, il faut vous dire un mot du caractère de Zopyre. C'eſt un vieillard vénérable, & l'un des Chefs des Iſmaëlites qui ſont encore les maîtres de la Mecque. Ce vieillard adorateur zélé d'Aſtarté, mis en opoſition avec Mahomet, n'eſt pas ſeulement ſon ènemi pour la diverſité de leur culte, mais encore parce qu'il l'acuſe d'avoir fait périr ſes enfans ; & la haine qui eſt entre Mahomet & lui, lui paraît d'autant plus irréconciliable, qu'il ſait & qu'il avoüe avoir immolé à ſa vangeance le fils de ce nouveau Légiſlateur. Enfin ce Zopyre eſt un home aſſez vertueux pour préférer ſon honeur & ſa religion au ſalut même de ſes enfans, lorſque Mahomet lui aprend qu'ils reſpirent encore & qu'il lui ofre de lui rendre ſon fils & d'épouſer ſa fille, pour prix de la ſoumiſſion qu'il éxige de lui ; il eſt aſſez généreux pour vouloir ſauver la vie à Seïde ſon ôtage, dans l'inſtant où la conſpiration de Mahomet contre la Mecque peut metre ſes jours en danger.

Cete généroſité, ou, ſi vous l'aimez mieux, cete humanité de Zopyre eſt placée, avec un art admirable, au moment même où Seïde, devenu inhumain, en ſoumetant tous les ſentimens de ſon ame au faux zèle qui le guide, s'aprète à ſacrifier Zopyre ;

Tome XIV. T

vous m'avoüerez, mon cher Comte, qu'il faut être né bien infenfible pour l'être à une fituation fi touchante. Je vous fais faire ici cete remarque, pour vous prévenir contre un affez petit nombre de froids critiques qui ont prétendu qu'il n'y avoit dans Mahomet aucune forte d'intérèt. Leur fentiment vous étoneroit bien davantage, fi vous aviez pû juger par vous-mème de cete Piéce, & furtout de la Scène où Zopyre affaffiné par Seïde, prêt d'expirer en fa préfence dans les bras de Palmire, les reconaît tous deux pour fon fils & pour fa fille; fi vous aviez entendu ce vertueux pere, follicité par Seïde & Palmire de punir en eux fes affaffins, leur répondre avec tendreffe,

...... *J'embraffe mes enfans:*

Et, pour peu que votre imagination fe prète à vous repréfenter le tableau de cete Scène, vous aurez peine à n'être pas atendri d'une image fi intéreffante.

Je ne vous ai promis aucun détail fur la conduite de cete Tragédie, que la *Letre du Comédien de Lille* vous a fait affez conaître; j'en fuprime beaucoup d'autres que je crois peu néceffaires au but que je me fuis propofé; je ne vous parlerai point de l'intérèt tendre que produit l'amour de Seïde & de Palmire, de la paffion, ni de la fauſſe générofité de Mahomet qui, en ſacrifiant un rival à ſa jalouſie, affecte de paraître le plus ardent vangeur de la mort de ſon ènemi : je ne vous dirai pas coment, profitant avec adreſſe des éfets du poiſon qu'il a fait doner à Seïde, il ſait ſe forger de ſon forfait mème des armes reſpectables à ſes ènemis, & faire paſſer à leurs yeux, pour un miracle du Dieu qui le protége, le crime par lequel il vient de le déshonorer. En un mot, je ne vous peindrai point Mahomet furieux de la mort de Palmire, au moment où elle s'immole aux mânes de ſon pere & à celles d'un frere qu'elle avoit aimé ſi tendrement, auſſi puni par le ſpectacle éfrayant d'une perte ſi ſenſible, que par la violence de ſes remors ; il me ſufit de vous dire que Mahomet finit cete Tragédie, en ſe rendant juſtice à lui-mème, & en forçant le Public à la lui rendre par l'horreur qu'il lui inſpire.

Telle eſt, à peu près, mon cher Comte, cete Piéce ſi monſtrueuſe, ſi dangereuſe pour les bones mœurs, ſi redoutable pour l'Etat & pour la Religion. Au reſte, cete Tragédie n'eſt point farcie, come beaucoup de nos Piéces nouvèles, de ces lambeaux découſus qu'on a bien voulu nomer des beautés de détail, qui détournent l'eſprit de l'Auditeur de ſon objet principal,

T 2

pour l'apliquer à des images étrangères, & qui, par conséquent, coupent & réfroidissent tout intérèt & tout sentiment, quel qu'il soit. Cete Tragédie renferme toutes les beautés dont son sujet étoit susceptible, & n'avoit pas besoin de celles qui lui eussent été étrangeres; elle chemine d'un bout à l'autre, toûjours également, & promene l'ame des Spectateurs de la tendresse à l'horreur, de l'horreur à la pitié, de la pitié aux frémissemens, & des frémissemens à l'éxécration de l'imposteur qui est le principal ressort de toute cete machine d'iniquité

Voilà, je pense, ce que M. de Voltaire a voulu nous inspirer; malheur aux organes de travers qui s'y sont refusés, & qui, come je l'ai déja dit, soit par ignorance, soit par jalousie, ont osé publier que cete Piéce étoit mauvaise en elle-mème, & dangereuse dans ses conséquences.

Ce sont deux points qu'il faudroit examiner à fond, si j'avois prétendu vous doner une dissertation dans les formes: mais, come ce n'est point à titre d'ouvrage médiocre que cete Tragédie a paru ètre défenduë, car nous n'avons que trop d'exemples que celles de cete espéce encourent rarement de pareilles disgraces, & qu'on a coutume de les laisser jouir en paix du droit d'ennuyer le Public. Come d'ailleurs c'eſt ſurtout des motifs de cete prétendue défenſe que vous me paraiſſez ſouhaiter d'ètre inſtruit, je ne m'atacherai qu'à cete partie de la critique de Mahomet qui, à ce qu'on prétend, l'a fait banir de notre Théâtre come un ouvrage pernicieux.

On ſe plaint, par exemple, que Mahomet criminel recueille dans la conquête de la Mecque le fruit de ſes crimes, de ce que le vice, bien loin d'être puni, ſe trouve couroné dans la perſone de l'impoſteur: mais M. de Voltaire pouvoit-il, ſans atenter à la vérité de l'hiſtoire, changer un évenement auſſi conu que celui de la conquête de la Mecque; & ſi, pour ſatisfaire à ce que ſes critiques ſemblent déſirer, il eût rendu Zopyre vainqueur de Mahomet, ne lui auroit-on point reproché d'avoir fait triompher l'idolatrie?

Que fait donc M. de Voltaire pour s'aſſujétir aux régles ſans faire tort aux vérités hiſtoriques? il traite Mahomet come M. Racine a traité Néron dans ſon Britannicus. Voici de quelle façon Albine anonce la punition de Néron.

Il rentre, chacun fuit ſon ſilence farouche;
Le ſeul nom de Junie échape de ſa bouche,
Il marche ſans deſſein, ſes yeux mal aſſurés

N'ofent lever au Ciel leurs regars égarés ;
Et l'on craint, fi la nuit, jointe à la folitude,
Vient de fon défefpoir aigrir l'inquiétude,
Si vous l'abandonez plus long-tems fans fecours,
Que fa douleur bien-tôt n'atente fur fes jours.
Le tems preffe, courez, il ne faut qu'un caprice,
Il fe perdroit, Madame.....

Agrippine répond :

.... Il fe feroit juftice ;
Mais, Burrhus, alons voir jufqu'où vont fes tranfpors,
Voyons quel changement produiront fes remors.

Le meurtrier de Britannicus, le ravifleur de Junie, un fils déja foupçoné de vouloir un jour tremper fes mains dans le fang de fa mere, Néron, n'eft donc puni que par la retraite de Junie, par fon defefpoir & par des remors que fa mere veut bien lui prèter, & dont il n'y a pas même la moindre aparence, ni dans fa conduite, ni dans le récit d'Abine.

M. de Voltaire affure mieux, ce me femble, le fuplice de Mahomet. C'eft la mort qui le prive de Palmire ; elle expire à fes yeux ; Mahomet fent & avouë qu'il eft le plus puni ; il ajoute....

..... Il eft donc des remors !

Ce qui prouve qu'il en est tourmenté vivement ; mais ce châtiment, tout terrible qu'il est à quiconque l'éprouve, ne sufit pas aux critiques de Mahomet. Je ne vois cependant que deux espéces d'homes qui puissent raisonablement faire ce reproche à M. de Voltaire ; ou des homes, si ses critiques sont tels, qui ayent tellement conservé leur inocence, qu'ils n'ayent jamais conu le repentir de l'avoir perdue, ou des homes assez endureis dans le crime, pour avoir entierement étoufé dans leur ame, la redoutable voix des remors. Si ce tourment paraît trop léger aux jaloux de M. de Voltaire, dans laquelle de ces deux classes veulent-ils donc être rangés ?

Après cét examen, je crois qu'on peut avouer que Mahomet est plus puni que Néron, & convenir que, du moins à ce regard, la représentation de Mahomet n'est pas plus dangereuse pour les bones mœurs, que celle de Britannicus.

Voyons enfin si, pour l'Etat, si pour la société, il est quelque poison dans cete Piéce, & si ce poison, déguisé avec art, n'en est que plus à redouter.

De la façon dont le Mahomet de M. de Voltaire anonce ses principes & son propre caractère, je ne crois pas qu'il soit venu en tête à persone, que le dessein de l'Au-

T 4

teur ait été de lui procurer des Profélites.
Si nous vivions dans un fiécle moins éclairé,
les vertus de l'idolâtre Zopyre, mifes en
opofition avec les crimes de Mahomet,
euffent été peut-ètre d'un dangereux exemple ; mais parlons férieufement ; quelles
peuvent avoir été les vûes de M. de Voltaire ? Je vous l'ai déja dit ; ça été de faire
voir à quels excès les homes peuvent ètre
portés par le défir immodéré de la grandeur, & par le zèle faux & mal entendu de
la Religion : font-ce là des précautions
dangéreufes ? Et peut-on en prendre trop
de toute efpece, contre de tels ambitieux
& de tels fanatiques ?

L'image du fanatifme déja peinte des plus
horribles couleurs, par M. de Voltaire, au
cinquieme livre de fon Poëme fur la Ligue,
avoit prévenu les homes contre cete dangéreufe frénéfie ; mais cete mème image
mife en action dans le rôle de Seïde, acom-
pagnée de tout l'art de fes féducteurs, a
mille fois plus de force, & doit éfrayer
ceux mêmes qui auroient été affez faibles
pour s'y laiffer féduire.

Quelles obligations les Français, du
tems d'Henry III. & les Anglais, du tems
de Charles I. n'auroient-ils pas dû avoir à
un Auteur qui leur eût doné un Mahomet tel que celui que nous venons de voir ?

Ceux-ci en garde contre l'hipocrisie de Cromwel, se seroient sans doute défiés de ses fausses vertus, & n'auroient pas comis le plus afreux parricide, par le meurtre de leur Roi légitime, pour servir l'ambition d'un usurpateur faussement modeste; & Jacques Clement frapé de la conformité des voyes qu'on employe pour porter Seïde au plus grand des forfaits, avec celles qu'on avoit employées pour le séduire lui-mème, n'eût vû qu'avec horreur, & le crime qu'on déguisoit à ses yeux sous de religieuses aparences, & les dânables maximes de ses maîtres. En un mot, son détestable exemple n'eût point enhardi les Bariéres & les Ravaillacs, & la France n'auroit peut-être pas à se reprocher d'avoir produit des monstres capables de la soüiller du sang de ses Rois.

Je ne puis me refuser, en finissant cete Letre, une réflexion que j'ai faite cent fois, en voyant représenter une Tragédie, d'un de nos Grans Maîtres, Pièce généralement aplaudie, & peut-être la meilleure qu'il ait faite.

Nous n'aurons pas de peine à nous imaginer un Roi légitime & catholique, chassé de son Trône par un usurpateur hérétique; un tendre rejeton du sang royal, réfugié au pié des Autels, nouri, pour ainsi dire, dans le Sanctuaire & fous fes yeux du Pontife de la Religion de fes Péres. Que penferions-nous aujourd'hui d'un Pontife qui ordoneroit le meurtre des héritiers de l'ufurpateur, & d'un fujet que l'enthoufiafme porteroit à l'exécuter ? Je ne balance point à dire que, de quelque femblant de juftice ou de fainteté qu'une telle action fut colorée, elle nous feroit horreur ; c'eft cependant ce que nous voyons, ce que nous aplaudiffons tous les jours dans Athalie, fans qu'il foit encore venu dans l'efprit d'aucun zélé Critique, qu'une telle repréfentation peut ètre dangéreufe.

On me répondra que Joad eft infpiré, & dès-lors je me rends, & je refpecte l'arèt que Dieu, par la bouche de fon Pontife, porte contre une Reine impie & criminèle ; mais me répondra-t-on que cét exemple mis fous les yeux d'un fanatique, avec tout le pathétique que lui done la pompe d'un grand fpectacle, ne fera jamais capable de l'ennyvrer au point qu'il fe perfuade ètre bien infpiré lui-mème; & n'a-ce pas toujours été fous ce voile fpécieux, qu'on a caché à ces faux zélés, & qu'ils fe font déguifés à eux-mèmes, les criminels excès où nous les avons vû fi fouvent fe porter.

A cete réflexion en ajoûterai-je une

autre? Tartuffe, l'une des meilleures Comédies de Moliére éprouva de son tems la même disgrace que vient d'éprouver Mahomet; les Magistrats soulevés contre cete Piéce, par les faux dévots, come ils vienent de l'être contre Mahomet, par la basse jalousie ou par l'ignorance, peut-on dire des rivaux de M. de Voltaire? Tartuffe, dis-je, fut défendu; Loüis XIV. dont on ne surprenoit pas aisément la religion, après un mûr examen, en permit la représentation. Le succès de cete Comédie justifia les lumières du Monarque, sans faire tort au zéle des Magistrats dont les extrèmes précautions ne peuvent jamais être que loüables : qu'en est-il arivé? Tartuffe a-t-il fait des hypocrites? non assûrément. Je dis plus; l'éloge & les avantages de l'hypocrisie dans la bouche de Dom Jüan de Giron, au cinquiéme Acte du Festin de Pierre, ont-ils jamais révolté les gens de bien, & glorifié les faux dévots? Les maximes de l'imposteur Mahomet sont-elles donc privilégiées, & pouvons-nous les séparer de l'horreur qu'elles inspirent? En un mot, Mahomet lui-mème est-il moins détesté du spectateur, que Tartuffe & que Dom Jüan?

Je ne vous dirai rien de plus, mon cher Comte; si je vous ai mis en état de juger Mahomet, jugez-le en pleine liberté : je n'ai point prétendu gèner votre opinion. Je vous laiſſe encore le ſoin de faire vous-mème le parallele de cete Tragédie avec celle d'Athalie, & les Comédies du Tartuffe & du Feſtin de Pierre.

Je ne me donerai pas non plus la peine de répondre à la mauvaiſe plaiſanterie que vous me mandez qu'on a faite dans votre Armée, en diſant que, puiſqu'on avoit empèché la repréſentation de Moyſe, il étoit juſte de défendre celle de Mahomet : cela s'apelle, mon cher Comte, un jeu d'eſprit aſſez plat, & qui ne peut partir que de quelques cervelles libertines ou mal timbrées.

Vous ſavez avec quels ſentimens je ſuis, &c.

¶ ENVOI,

A M. DE VOLTAIRE.

NOn, ce n'eſt point pour te défendre
Contre les traits de tes rivaux jaloux,
Qu'en cét écrit ma voix ſe fait entendre.
Quand cét honeur eût été fait pour nous,
Quelle gloire aurois-je à prétendre
A confondre des ſots, des ignorans, des fous;

A vanger Mahomet qu'un fot Public décrie ?
Conais par qui je me vis excité,
L'intérêt des Beaux-Arts, celui de ma Patrie,
L'amour du vrai, peut-être auſſi ma vanité.

ULYSSE ET CIRCÉ.

FABLE DE M. DE MONCRIF.

L'Un de l'autre charmés dans une Iſle enchantée,
La Fille du Soleil & ſon Amant un jour
De leur félicité rendoient grace à l'Amour ;
Lorſque par deux oiſeaux leur vûë eſt arètée.
Ulyſſe les obſerve (objets intéreſſans)
Un trouble ſe répand dans ſon ame atendrie,
Il regarde Circé, la mème rèverie
  Avoit captivé tous ſes ſens.
Eh quoi ! dit-il, leur flâme ainſi favoriſée
N'excite point en eux d'inutiles déſirs,
Ils n'éprouvent jamais, dans de ſi doux plaiſirs,
La triſte économie aux Mortels impoſée !
Il eſt vrai, les moineaux s'aiment bien tendrement,
  Reprit la jeune Enchantereſſe ;
Ne peut-on s'élever juſques à leur tendreſſe ?
Mon art ne fut jamais employé vainement.

Que tardons-nous ? l'Amour fera d'intelligence :
Oüi, c'eſt toi, Dieu charmant, qui nous ouvre
les yeux !
Nous n'alons employer ces dons délicieux
Que pour mieux ſentir ta puiſſance !
A ces mots, ces Amans, par l'eſpoir animés,
En moineaux tout-à-coup ſe trouvent transformés.
Des Aquilons alors l'influence banie
Cédoit aux doux Zéphirs, la terre rajeunie.
Bien-tôt, il n'eſt palmier, myrthe, cedre, roſeaux
Où cent fois ces heureux oiſeaux
Ne ſe ſoient aſſurés de leur métamorphoſe :
Quel exemple ! combien de ſpectacles charmans
Aux Nymphes de Circé chaque jour on expoſe !
Elles comtent tous les momens
De ce changement admirable,
Jamais l'art des enchantemens
Ne leur parut ſi reſpectable.
Mais le Printems ſi cher paſſe rapidement,
Et dans ces mèmes lieux témoins de leur yvreſſe,
On les voit, ces moineaux, ſéparés ſans triſteſſe,
Ou rejoints ſans empreſſement.
Tous deux ſe retraçant leur comune avanture,
En formant les moineaux, diſoient-ils, la nature
De leur bonheur s'ocupa faiblement.
Il n'eſt qu'un ſeul plaiſir, un ſeul nous rend ſen-
ſibles,
Le Printems nous l'inſpire, ô deſtins infléxibles !

www.ingramcontent.com/pod-product-compliance
Lightning Source LLC
Chambersburg PA
CBHW070544050426
42451CB00013B/3166